AF240419

CATALOGUE

D'UNE JOLIE RÉUNION

DE

TABLEAUX

DES ÉCOLES

ANCIENNE & MODERNE,

DONT LA VENTE AUX ENCHÈRES PUBLIQUES SE FERA

HOTEL DES VENTES

RUE DES JEUNEURS, N. 42,

Salle n. 3,

LE LUNDI 9 MAI 1853,

Par le ministère de Mᵉ **RIDEL**, Commissaire-Priseur,
rue Saint-Honoré, 335.

Assisté de M. F. **LANEUVILLE**, Peintre-Expert,
rue Neuve des Mathurins, 73,

Chez lesquels se distribue le présent Catalogue.

EXPOSITION PUBLIQUE

Le Dimanche 8 Mai 1853, veille de la vente, de midi à 5 heures.

PARIS

MAULDE & RENOU,

IMPRIMEURS DE LA COMPAGNIE DES COMMISSAIRES-PRISEURS,
rue de Rivoli prolongée, au coin de la rue de l'Arbre-Sec.

1853

CONDITIONS DE LA VENTE.

Elle sera faite au comptant.

Les acquéreurs paieront en sus des adjudications cinq centimes par franc applicables aux frais.

DÉSIGNATION

DES TABLEAUX

ALBANE.

1 — Pan et Syrinx.

ALBANE (GENRE DE).

2 — Le Sommeil de l'Enfant Jésus.

ANDRÉ DEL SARTE (ÉCOLE).

3 — La Vierge, sainte Anne et l'Enfant Jésus.

Galerie Soult.

BERTAUX (SIGNÉ 1770),

4 — Combat contre les Turcs.

DU MÊME.

5 — Même sujet, pendant du précédent.

BOISSIEU.

6 — Paysage des environs de Lyon.

BOUCHER (GENRE DE).

7 — Les Forges de Vulcain.

BOURGUIGNON.

8 — Choc de Cavalerie.

BLACKEMBURG.

9 — Petit paysage avec de jolies figures.

DU MÊME.

10 — Même sujet.

BRAUWER.

11 — Des Buveurs.

DU MÊME.

12 — Intérieur de cabaret.

BRECKLINCAMP.

13 — Le Cordonnier de village.

DU MÊME.

14 — Intérieur d'une boucherie.

BREUGHEL.

15 — Fleurs dans un pot.

DU MÊME.

16 — Paysage, effet d'hiver. Orné d'un grand
nombre de figures.

CARRACHE (ANNIBAL).

17 — Saint Sébastien percé de flèches.

DU MÊME.

18 — Saint Dominique en adoration.

DU MÊME.

19 — Saint Dominique stigmatisé.

DU MÊME.

20 — Tête d'Amour.

CARRACHE (ÉCOLE DU).

21 — Saint André conduit au supplice.

DU MÊME.

22 — Adoration des bergers.

CARRACHE (ÉCOLE DU).

23 — Le Temps. Sujet allégorique.

Mⁱˡᵉ CARRON (PAULINE).

24 — Une jeune fille lisant.

CHAMPAIGNE (PHILIPPE DE).

25 — La Vierge de douleur.

CHAMPAIGNE (ÉCOLE DE PHILIPPE DE).

26 — Portrait d'un abbé.

CHARDIN.

27 — Portrait d'un jeune homme.

CHEMIN DUPOTÈS.

28 — Tête de petite fille.

CORTONNE (PIETRE DE).

29 — Adoration des bergers.

CUYP (G.).

30 — Pâtre gardant un troupeau de vaches et de
moutons.

DAGNAN.

31 — Vue d'Auvergne.

DEHEEM.

32 — Fruits suspendus à un clou.

DELORME (DATÉ 1850).

33 — Saint Amélie et sainte Hélène.

DOW (D'APRÈS GÉRARD).

34 — Une vieille femme lisant la Bible.

DU MÊME.

35 — Le Géomètre.

DEMOUY.

36 — Vue d'un port.

DU MÊME.

37 — Paysage avec rivière.

ESSEN.

38 — Flore et Zéphyre.

FRANCK.

39 — Fuite en Egypte.

FRANCK (ÉCOLE DE).

40 — Entrevue de Godefroid de Bouillon et de Soliman.

GOYEN (Van).

41 — Vue de Hollande.

GRIMOUX.

42 — Portrait d'un acteur.

HOLBEIN.

43 — Portrait d'homme, avec armoiries.

DU MÊME.

44 — Portrait d'homme à barbe.

HONDEKOETER.

45 — Poules dans une basse-cour.

HORREMANS.

46 — Le Tête à tête.

HOSTEIN (Ed.).

47 — Paysage montagneux éclairé par un brillant coup de soleil. Un torrent vient se briser en cascades sur le premier plan.

Mlle HOURY.

48 — Des fruits et un pot de Chine placés sur une table.

HOURY (Charles).

49 — Promenade vénitienne.

DU MÊME.

50 — La Vierge et l'Enfant.

HUYSMANS.

51 — Paysage avec terrain éboulé.

KOBELL.

52 — Une Brebis et son agneau.

LAGRÉNÉE.

53 — Vénus et l'Amour.

LALOUETTE (Eug.).

54 — Sainte Élisabeth de Hongrie faisant l'aumône aux pauvres.

DU MÊME.

55 — Sainte Thérèse.

LAMBERT (dit Guilleminet).

56 — Intérieur de grange.

DU MÊME.

57 — Paysage avec animaux.

LANCRET.

58 — Jeux champêtres.

LEBRUN.

59 — Ensevelissement du Christ.

LEMOYNE.

60 — Sujet mythologique.

LESSIEUX (Édouard).

61 — Vue prise en Espagne.

Mlle LÉVI (JULIETTE).

62 — Femme italienne. Pastel.

DE LA MÊME.

63 — Paysage avec fabriques. Id.

DE LA MÊME.

64 — Vue de Suisse. Id.

LORRAIN (GENRE DE CLAUDE).

65 — Paysage et ruines.

LORRAIN (GENRE DE CLAUDE).

66 — Paysage marécageux; des pâtres font désaltérer un troupeau de vaches.

LOUTHERBOURG (DATÉ 1777).

67 — Des pâtres gardant leurs troupeaux, l'un d'eux cherche à embrasser une jeune fille.

MEULEN (VAN DER).

68 — Le Siége de Thionville.

MICHAUD.

69 — Paysage avec un grand nombre de figures.

MICHEL et DEMARNE.

70 — Paysage dans la manière de Ruysdaël.

MIGNON (A.).

71 — Fleurs et fruits.

DU MÊME.

72 — Fleurs.

DU MÊME.

73 — Fruits.

MONNOYER.

74 — Fleurs dans un vase.

ORIZZONTI.

75 — Paysage.

DU MÊME.

76 — Même sujet.

OSTADE (J.), (ATTRIBUÉ A).

77 — Une Kermesse.

PALAMÈDES.

78 — Cavaliers.

DU MÊME.

79 — Même sujet.

PATEL.

80 — Paysage avec fabriques, animé de quelques figures.

PARMESAN.

81 — Repos de la Sainte Famille.

PEYRE.

82 — Daniel dans la fosse aux lions.

PINGRET.

83 — Paysage avec rivière. Aquarelle.

DU MÊME.

84 — Même sujet. Aquarelle.

POMPONIO (Amatteo).

85 — Une Léda.

Dans la manière du Corrège.

POUSSIN.

86 — Esquisse de la Peste.

POUSSIN (GENRE).

87 — Le Massacre des Innocents.

DU MÊME.

88 — Daphnis changée en laurier.

PROCCACINI.

89 — Jésus outragé.

RAPHAEL (d'après).

90 — Sainte Famille.

RAOUX.

91 — Le Concert de Famille.

DU MÊME.

92 — Portrait de Lekain.

REMBRANDT.

93 — Tête de Rabbin.

REMBRANDT (SIGNÉ), GENRE.

94 — Tête de vieillard.

REMBRANDT (D'APRÈS).

95 — Un Philosophe.

ROBERT.

96 — Porte romaine.

ROMAIN (JULES), D'APRÈS.

97 — Charité romaine.

ROOS (G.-F. DE), SIGNÉ.

98 — Paysage baigné par une rivière; dans le fond, de hautes montagnes.

ROTHENAMER.

99 — La Vierge et l'Enfant.

RUBENS (ÉCOLE).

100 — Sainte Famille.

DU MÊME (D'APRÈS).

101 — Le Denier de César.

DU MÊME (D'APRÈS).

102 — Chasse au Sanglier.

SANTERRE.

103 — Jeune Fille à une croisée.

SEBASTIEN DEL PIOMBO.

104 — La Flagellation.

SENAVE.

105 — Intérieur rustique.

DU MÊME.

106 — Même sujet.

STEEN (Jean).

107 — Musico dans un intérieur.

STELLA.

108 — La Madeleine aux Anges.

STORCK.

109 — Vue du port d'Amsterdam.

SWEBACH.

110 — Choc de Cavaliers russes.

DU MÊME.

111 — Même sujet.

TAILLASSON.

112 — Stratonice.

TENIERS.

113 — Paysage et Cavaliers.

DU MÊME.

114 — Les Joueurs de cartes.

TENIERS (Pastiche).

115 — Portrait d'une vieille Femme.

TENIERS (Père).

116 — Le Joueur de Musette.

DU MÊME.

117 — Les Joueurs de cartes.

TENIERS (d'après).

118 — Fumeurs devant une cheminée.

TENIERS (copie).

119 — Deux tableaux représentant des intérieurs flamands.

TERBURGH.

120 — L'embarquement de la Hollandaise.

TIEPOLO.

121 — Saint Antoine de Padoue.

TINTORET.

122 — Portrait d'homme.

VALLIN.

123 — Un Officier belge visitant sa famille.

DU MÊME.

124 — Serment de deux jeunes Filles.

DU MÊME.

125 — Venus et l'Amour.

VERDIER.

126 — Le Forgeron.

VERNET (Joseph).

127 — Des hommes pêchent à la ligne dans une rivière bordée de rochers et de fabriques.

VERNET (Joseph), d'après.

128 — Pêche au clair de lune.

DU MÊME.

129 — Etude de tronc d'arbres et de cascade, faite en Italie.

VERNET (CARLE).

130 — Un Colonel de lanciers.

VERONÈSE (PAUL), GENRE.

131 — Le Baptême de Clorinde.

VINCI (LÉONARD DE), D'APRÈS.

132 — Jésus au jardin des Oliviers.

ZACHT LEVEN.

133 — Vue d'un fleuve.

ZURBARAN.

134 — L'adoration des Bergers.

INCONNUS.

135 — Une vue de la Bastille.
136 — Un petit paysage.
137 — La Réprimande.
138 — Intérieur de forêt.
139 — Sainte Famille.
140 — Salmacis et Hermaphrodite.
141 — La femme adultère.

ÉCOLE ITALIENNE.

142 — Assomption de la Vierge.

ÉCOLE ALLEMANDE.

143 — Le Christ en croix.

ÉCOLE ITALIENNE.

144 — Tête d'un saint.

145 — Id.   Id.

146 — Le mariage de sainte Catherine.

ÉCOLE FLAMANDE.

147 — Portrait de femme.

ÉCOLE ALLEMANDE.

148 — La Circoncision.

149 — Le Christ entouré des instruments de son supplice. Peinture sur pierre.

Paris — Maulde et Renou, imprimeurs de la Compagnie des Comm.-Priseurs rue de Rivoli prolongée, au coin de celle de l'Arbre-Sec.